Conrad K. Butler

MI PRIMER LIBRO DE AUTOS: DESCUBRIENDO MARCAS Y LOGOTIPOS

Conrad K.
PUBLISHING WAW

f /conradpublishing

ALFA ROMEO

Alfa Romeo es una prestigiosa marca italiana que produce autos deportivos. La empresa fue fundada por Alexandre Darracq en 1906 en Portello, cerca de Milán, donde ahora se encuentra la sede de la empresa. A lo largo de su historia, ha producido, entre otros, trolebuses y vehículos todoterreno, sin embargo, fueron los modelos deportivos los que dieron gran fama a la marca. Los modelos marcados con el símbolo QV (Quadrifoglio Verde – trébol verde de cuatro hojas) aseguran especialmente que el corazón lata más rápido. Alfa Romeo fue la primera marca en utilizar, entre otros, inyección directa de combustible common rail (1997), sincronización variable de válvulas (1980), un motor de encendido por chispa con dos bujías por cilindro (1914) y una caja de cambios de 6 velocidades. en un modelo de producción en serie (1967).

Aston Martin es un fabricante británico de automóviles deportivos y de lujo. La empresa fue fundada en 1914 por Lionel Martin y Robert Bamford en Gaydon. Estos autos se caracterizan por una línea elegante, rico equipamiento y atención a los detalles más pequeños. La singularidad se suma por el hecho de que todos los automóviles de la marca británica se ensamblan a mano. La fiabilidad de la mano de obra se evidencia por el hecho de que aprox. El 75% de los coches vendidos todavía están en condiciones de uso. La mayoría de nosotros conocemos estos autos exclusivos de películas sobre las aventuras del agente secreto británico James Bond. ¡No sin razón, porque varios modelos de Aston Martin "aparecieron" en 10 partes!

ASTON MARTIN

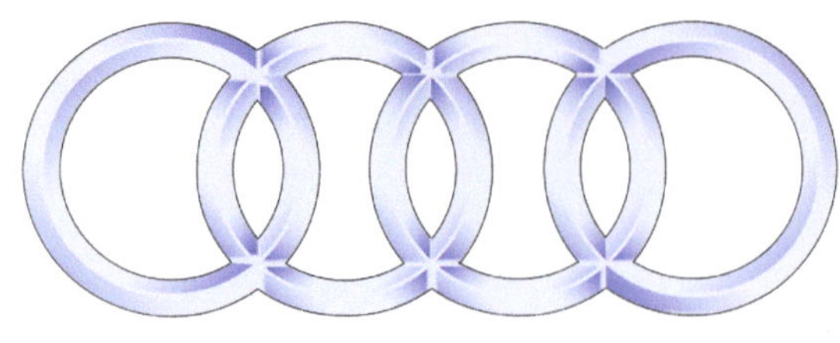

Audi inicia su historia a principios del siglo XX cuando en 1910 August Horch funda su empresa tras numerosas complicaciones. Los cuatro aros son un símbolo de la fusión de 4 marcas en 1932: Audi, Horch, Wanderer y DKW. El conocido lema de la marca "Ventaja a través de la tecnología" apareció por primera vez en 1971. A cada paso, los ingenieros alemanes intentaron convencernos de la exactitud de este dicho. En marzo de 1980, Audi presentó en Ginebra el primer turismo del mundo con tracción en las cuatro ruedas: el modelo Quattro. En 1985, Audi fue el segundo fabricante de automóviles del mundo, después de Porsche, en producir carrocerías completamente galvanizadas.

AUDI

Bentley es un fabricante de automóviles deportivos de lujo con sede en el Reino Unido con sede en Cheshire, Crewe.
Su fundador en 1919 fue Walter Owen Bentley, quien soñaba con construir un auto de carreras que fuera imbatible en su clase. Presentó su primer coche, el Bentley 3 Litros, en 1921, pero tardó 3 años en ver su éxito cuando ganó la carrera de Le Mans.
En 1931, la marca fue comprada por Rolls-Royce. Los modelos de posguerra, salvo algunos casos, fueron solo versiones deportivas del Rolls-Royce hasta la década de 1990.

BENTLEY

BMW

BMW es una de las marcas de automóviles más populares en la actualidad. Sin embargo, los ingenieros alemanes no diseñaron automóviles desde el principio. La planta fue fundada en 1913 por Gustav Otto y Karl Rapp y estuvo involucrada por primera vez en la producción de aviones y motocicletas. En ese momento, se creó el logotipo de la empresa BMW, que muestra un círculo estilizado de la hélice con los colores de Bavaria. No fue hasta 1929 que BMW construyó su primer automóvil producido en serie: el BMW 3/15.

La empresa debe su mayor desarrollo a Eberhard von Kuenheim. Hizo que BMW fuera importante no solo en Europa sino en todo el mundo. Gracias al lanzamiento de modelos como el 3.0 CSL, M1 o M3 E30 por parte del departamento de BMW Motorsport, nuestro pulso se ha disparado más de una vez.

Bugatti es un fabricante francés de autos deportivos y de carreras exclusivos. El fundador de la marca en 1909 fue Ettore Bugatti.

Sus autos ganaron casi todas las carreras importantes antes de la Segunda Guerra Mundial. Desafortunadamente, cuando estalló, Ettore se vio obligado a detener la producción y, como resultado de su muerte en 1947, nunca volvió a hacerlo. Para reactivar la marca, en 1987 el italiano Romano Artioli fundó la empresa Bugatti Automobili SpA en Campogalliano. Hay una razón por la que el modelo más reconocible hoy en día es el Veyron. La versión Super Sport ostenta el título del automóvil más rápido producido en serie.

BUGATTI

Buick es una marca estadounidense que produce turismos de lujo. Fue fundada en 1903 por el diseñador e inventor David Dunbar Buick en Detroit, donde todavía se encuentra la sede de la compañía y es una de las compañías automotrices estadounidenses más antiguas que aún están en funcionamiento. Uno de los primeros dueños de la marca fue William C. Durant, entre otros. el creador de la ahora gran empresa General Motors, a la que pertenece Buick. En la oferta de GM, se posiciona por encima de Opel, pero por debajo del buque insignia Cadillac. Los tres escudos del logo de la marca hacen referencia al escudo de armas de la noble familia del fundador de la empresa.

BUICK

Cadillac es un fabricante estadounidense de turismos de lujo.
La empresa fue fundada por Henry Leland en 1902 en Detroit. Desde el principio, la marca le dio gran importancia a la calidad de la producción, lo que les resultó muy rentable, porque hasta el día de hoy se asocia con la más alta calidad y lujo. Sus coches eran conducidos por cantantes, actores y, sobre todo, presidentes de Estados Unidos. Los constructores estadounidenses demostraron su capacidad de innovación casi a cada paso, instalando sus modelos por primera vez, entre otros. iluminación eléctrica, arranque eléctrico, motor V8, aire acondicionado y faros encendidos desde el salpicadero.

CADILLAC

Chevrolet es una marca de automóviles estadounidense perteneciente a General Motors. Fue fundado por el piloto de carreras y mecánico suizo Louis Chevrolet y William Durant.

Hay muchas versiones del logo de la compañía, pero la más probable es cuando Durant se inspiró en un diseño de papel tapiz en un hotel francés donde se hospedó durante un viaje en 1908 y arrancó un pedazo para mostrárselo a sus amigos, pensando que sería ser un buen sello distintivo para una marca de automóviles.

CHEVROLET

Chrysler es una de las marcas de automóviles más populares en los Estados Unidos. Fue fundada en 1925 por Walter Chrysler en Auburn Hills. Chrysler ha tenido varios éxitos en la innovación del mercado automotriz. En 1951, se creó un prototipo del motor V8 Hemi, y durante muchos años Chrysler tuvo mucho éxito: en 1987 adquirió American Motor Corporation y en 1998 se fusionó con Daimler-Benz. Además de los automóviles de pasajeros, la preocupación produjo SUV, autos deportivos, camionetas y camionetas.

CHRYSLER

Citroen es una marca francesa de turismos, furgonetas y camiones fundada por el ingeniero Andre Citroën en 1919. Los modelos Citroën siempre se han distinguido por su apariencia original y cósmica, su interior inusual y sus interesantes soluciones tecnológicas. Muchos de ellos ganaron el título de Auto del Año, incl. GS (1971), CX (1975) o XM (1990).

CITROEN

Dacia es un fabricante rumano de turismos y furgonetas.
La empresa fue fundada en 1966 (aunque sus orígenes se remontan a 1943) en Pitesti, y su nombre proviene de "Dacia", el nombre de la tierra habitada por los antepasados de los rumanos. En 1999 se renovó la cooperación con Renault, que compró la mayoría de las acciones de la marca rumana. El año decisivo para la empresa fue 2004 cuando lanzaron el modelo Logan. Rompió todos los récords en términos de volumen de producción de Dacia. Desde entonces, la marca rumana ha experimentado un renacimiento y sus numerosos modelos encuentran muchos clientes en todo el mundo.

DACIA

Dodge es una marca estadounidense que produce automóviles de pasajeros. Sus inicios se remontan a 1897 cuando los hermanos John y Horace Dodge fundaron su propia empresa – Dodge Brothers Bicycle & Machine Factory, donde se fabricaban bicicletas y repuestos para máquinas. Un evento muy importante para la marca fue el lanzamiento de automóviles con motor V8 HEMI en la década de 1950. Gracias a él, la marca logró numerosos éxitos en las carreras de la clase NASCAR. En 1966 presentaron el Charger, hoy considerado uno de los íconos de la marca. Así, comenzaron la era de los llamados "Muscle cars".

DODGE

Ferrari es un fabricante italiano de autos deportivos de lujo. La sede se encuentra en la ciudad de Maranello. La empresa fue fundada en 1946 por el legendario Enzo Ferrari de Módena, que era piloto de carreras. Hay un corcel negro en el logo de Ferrari, que hace referencia al emblema del avión de Francesco Baracca, un piloto de la Primera Guerra Mundial. El fabricante tuvo mucho éxito en los deportes de motor, incluida la serie más prestigiosa: la Fórmula 1. Los autos Ferrari marcaron tendencia en el segmento de autos superdeportivos. Compiten en el mercado con marcas como Lamborghini, Porsche, Aston Martin y Maserati.

FERRARI

FIAT es un fabricante italiano de turismos y furgonetas (y una vez también camiones, maquinaria agrícola y aviones). La empresa fue fundada en 1899 por Giovanni Aneglli en Turín. Un año después, se lanzó su primer modelo, 3 1/2 HP. La marca se desarrolló rápidamente y en 1939 ya contaba con 5 fábricas. La marca es popular en Europa, especialmente en Italia.

FIAT

Ford es una empresa estadounidense que produce turismos, furgonetas y camiones. Fue fundada por una de las personas más importantes en la historia de la motorización: Henry Ford en 1903 en Detroit. Un mes después de su fundación, se construye el primer automóvil: el modelo A, pero fue el modelo T de 1908 el que fue un verdadero éxito. Se produjeron más de 15 millones de copias durante 19 años, por lo que en 1913, Ford fue el primero en el mundo en introducir la producción en masa, gracias a la cual un nuevo automóvil salía de la línea cada 10 segundos. En 1964, los estadounidenses crearon uno de los autos más reconocibles del mundo: el Mustang. De él nació el término "Pony car", un coche de carrocería compacta, diseño deportivo y motor potente.

FORD

GMC es una empresa estadounidense que produce vehículos utilitarios deportivos, SUV y camiones. Los orígenes de la marca se remontan a 1902, cuando Maks Grabowski, uno de los primeros fabricantes de camiones, fundó Rapid Motor Vehicle Company. Durante la guerra, su modelo CCKW (¡con una capacidad de hasta 2,5 toneladas!) fue uno de los camiones básicos del ejército americano. Durante mucho tiempo, los modelos tenían este tipo de marcas en sus carrocerías, hasta que en 1996 finalmente se decidió eliminar la palabra Camión del nombre.

GMC

Honda es una marca japonesa que produce turismos, furgonetas, motocicletas y motores para diversos tipos de maquinaria agrícola y de construcción. Se estableció en 1948 por iniciativa de Soichiro Honda en Tokio. El primer vehículo de la marca fue una bicicleta propulsada por un motor de 50 cc. La siguiente motocicleta se lanzó un año después. No comenzó a producir automóviles Honda hasta 1953; el primero fue el T360. En 1971, se presentó la Honda Gold Wing, la primera motocicleta con marcha atrás. Un año más tarde, los japoneses decidieron lanzar el primer automóvil compacto producido en masa: el Civic. Logró un gran éxito en el mercado y hasta el día de hoy se han fabricado 9 generaciones de este automóvil.

HONDA

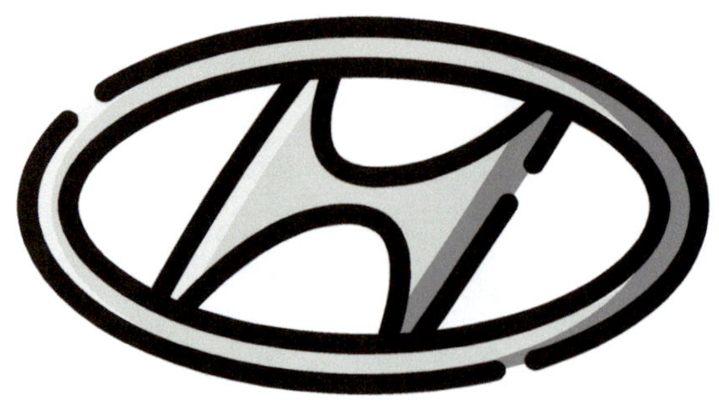

HYUNDAI

Hyundai es una empresa automotriz de Corea del Sur. Sus orígenes se remontan a 1947 cuando Chung Ju-Yung fundó Hyundai Engineering and Construction (entonces la mayor empresa constructora). No fue hasta 20 años después que se fundó Hyundai Motor Company para producir automóviles. El nombre significa modernidad en el idioma nativo (Hyeondae), y el logo simboliza un apretón de manos de dos personas. El primer coche se fabricó un año después. Se llamaba Cotina y se basaba en el modelo Ford - Cortina. El Pony fue su primer vehículo autoconstruido (1974), pero la colaboración con Ford continuó hasta 1985. La compañía está constantemente desarrollando y modernizando su gama de vehículos, centrándose principalmente en su funcionamiento sin fallas. En muchos casos, supera a sus rivales de Europa o Estados Unidos en este aspecto.

Infiniti es una marca japonesa de automóviles de lujo propiedad de Nissan. Su historia comienza en 1985 cuando nace la idea de crear una marca de lujo desde cero. El nombre fue elegido 2 años después, significa "infinito". De hecho, la creación de la marca fue la respuesta de Nissan al Acura (Honda de lujo). El primer automóvil Infiniti ingresó al mercado en 1989, al igual que el primer modelo Lexus, una versión exclusiva de Toyota. Inicialmente, los japoneses vendían sus autos solo en el mercado norteamericano.

INFINITI

Jaguar: marca británica de automóviles de pasajeros de lujo, fundada en 1922 por Sir William Lyons, pero originalmente se llamaba Swallow Sidecar Company y vendía motocicletas con sidecar. El primer automóvil de Lyon, la limusina SS1 de dos puertas, ingresó al mercado en 1932. En la década de 1950, la marca comenzó a competir en carreras de autos, incluidas las 24 Horas de Le Mans. Un año después de que se presentara el típico deportivo, el XK120C, Jaguar obtuvo su primera victoria en Le Mans, y la colaboración con Dunlop dio como resultado la creación de frenos de disco, que resultó ser la receta perfecta para obtener más victorias. Además, la marca triunfó en Francia 5 veces más.

JAGUAR

Jeep es una marca americana de coches todoterreno, producida por la empresa Willys desde 1941. En un principio, producían sus vehículos para el ejército, y después de la guerra empezaron a vender coches civiles. El prototipo - Willys Quad fue construido en solo... ¡49 días! Hasta el día de hoy, es uno de los vehículos más populares de la Segunda Guerra Mundial. En 1950, la compañía Willys reservó el nombre de Jeep, pero el primer modelo civil apareció en 1945: el CJ2A. En 1962, el fabricante estadounidense introdujo la primera transmisión automática en un vehículo 4x4. También fue el primer modelo 4x4 con suspensión independiente en las ruedas delanteras, pero el más popular fue el Wrangler y el Grand Cherokee.

JEEP

KIA

KIA es la empresa de automoción más antigua de Corea que produce turismos y furgonetas. Inició su actividad en 1944, pero luego operó bajo el nombre de Kyungsung Precision Industries y se dedicó a la producción de piezas para bicicletas. Antes del lanzamiento de su primer vehículo comercial en 1962, el K-360, los coreanos también producían motocicletas. Desde la década de 1970, muchos modelos Kii se construyeron bajo licencia de Mazda. En 1997, la empresa estuvo al borde de la quiebra. Fue entonces cuando Hyundai acudió al rescate, comprando acciones de Kia dos años más tarde y creando la empresa Hyundai, el Grupo Automotriz Kia. Actualmente, la marca se está desarrollando dinámicamente y se convierte en un competidor potencial para las marcas de renombre de Europa occidental.

Lamborghini: una marca italiana que produce autos deportivos de lujo, así como tractores agrícolas. La empresa fue fundada en 1948 por Ferruccio Lamborghini, quien inicialmente hizo una fortuna en la producción de tractores. Se sabe desde hace mucho tiempo que el mayor rival de Lamborghini es otra marca italiana: Ferrari. La idea de crear un superdeportivo nació tras la pelea de Ferrucci con Enzo Ferrari. Lamborghini, como persona adinerada, conducía un automóvil con un corcel negro en el capó. Sin embargo, no estaba del todo contento con él, y cuando le sugirió algunos cambios a Enzo, se rió de él. Así, en 1963 se creó un Lamborghini 350 GTV con motor V12, que superó a los autos de Módena. 3 años después, se fundó Miura, lo que hizo que la marca fuera famosa en todo el mundo. Era viciosa y difícil de conducir pero cautivaba con su elegancia y líneas sutiles.

LAMBORGHINI

LANCIA

Lancia - una marca italiana de turismos, fundada en 1906 en Turín por Vincenzo Lancia y Claudio Fogolina. El modelo Lambda, creado en 1922, fue el primer gran éxito de mercado de Lancia. Entre las soluciones innovadoras que aparecieron, otras carrocerías autoportantes y suspensión delantera independiente. El Astura (1931) tenía un motor de suspensión que reducía la transmisión de vibraciones al auto, y el Augusta de 1933 fue el primer sedán con frenos hidráulicos. Los modelos Lancia fueron conocidos desde el principio por su elegancia y líneas sensuales. Los aficionados al automovilismo recordarán especialmente modelos como el Stratos, el 037 o el Delta, a los que la marca debe numerosos éxitos en el automovilismo y sigue siendo el equipo más laureado en la historia del WRC.

Land Rover es una marca británica de vehículos todoterreno fundada en 1948. Inicialmente, sus modelos eran producidos por Rover, pero en 1975 Land Rover se convirtió en una marca independiente. El primer modelo fue el Serie I, que se exportó a 70 países. Iba a ser utilizado en la agricultura y la industria ligera, pero los militares también lo usaron. 10 años después apareció la segunda generación de este modelo, y para 1985 se fabricó una tercera. Su sucesor fue el mundialmente famoso Defender. El primer Range Rover nace en 1970. Estaba mejor equipado y tenía un motor V8 de 3.5 litros que le permitía acelerar a 160 kmh (100 mph). Los modelos más reconocibles en la actualidad, además del Defender, son el Discovery (estrenado en 1988) y el Freelander (1997).

LAND ROVER

LEXUS

Lexus: marca japonesa de turismos de lujo propiedad de Toyota.

En 1983, el presidente de la empresa de la Tierra del Sol Naciente anunció un plan para crear una línea exclusiva de automóviles que pudiera competir con las limusinas de Europa occidental. El nombre de la marca se asociaría con el lujo y la elegancia. El primer automóvil deportivo de Lexus, el modelo SC con motor V8 de 4 litros, se lanzó dos años después, y el vehículo deportivo utilitario LX, basado en el Toyota Land Cruiser, en 1996. En 2006, la empresa fue la primera en instalar un sistema de estacionamiento automático en su modelo insignia LS.

Los japoneses encantaron al jurado internacional con el espectáculo, donde el mismo modelo se estacionó entre los pilares colocados en copas de champán sin la ayuda del conductor y decidieron otorgarle el título World Car Of The Year 2007.

Lincoln es una marca estadounidense que produce turismos de lujo. Fue fundado en 1917 por Henry Leland en homenaje al presidente Abraham Lincoln. En 1922, Lincoln fue adquirida por Ford, siendo hasta el día de hoy la marca más lujosa de Ford y el mayor competidor de Cadillac de GM. ¡En 1939, se creó el legendario modelo Continental, que tuvo hasta 9 generaciones! También fue donde le dispararon al presidente estadounidense John F. Kennedy en 1963. Continental reemplazó el modelo Town Car en 2002. El primer SUV de la marca, uno de los modelos Lincoln más reconocibles en la actualidad, el modelo Navigator, se presentó en 1998, y su tercer la generación se está produciendo desde 2007.

LINCOLN

Lotus es una empresa automotriz británica que produce autos deportivos y de carreras. Fue fundada en 1952 por Colin Chapman, uno de los diseñadores de autos deportivos más aclamados de la historia. La marca se hizo popular gracias a la participación en las carreras de Fórmula 1. Lotus compitió en ellos ininterrumpidamente durante 60 años, desde 1954, ganando siete veces el campeonato mundial. Los autos británicos se caracterizan por su mano de obra simple, excelente manejo y bajo peso. Los modelos más famosos de la marca son Esprit (1976–2004; conocido, entre otros, por la película de James Bond), Elise, producido desde 1995, Exige, una versión más fuerte de Elise, y Evora, que ingresó al mercado en 2008.

LOTUS

Maserati – una empresa italiana que produce autos deportivos y de carreras. Los orígenes de la marca se remontan a 1914, cuando uno de los seis hermanos de la familia Maserati, Alfieri, estableció su taller en Bolonia, Officine Alfieri Maserati. Pronto se le unieron el resto de los hermanos, excepto uno, Mario, que se convirtió en artista y se le atribuye el diseño del logotipo de la marca. Se inspiró en la Fuente de Neptuno de su ciudad natal. En 1958, se produjo el primer modelo de carretera de Maserati, el 3500 GT, y el primer modelo de cuatro puertas, el Quattroporte en 1963. Los modelos más populares de la marca son, entre otros, el Quattroporte con seis generaciones y GranTurismo.

MASERATI

MAZDA

Mazda es una marca japonesa que produce principalmente turismos. La empresa deriva de la pequeña empresa Toyo Kogyo Co. fundada en 1920 por Jyujiro Matsuda. En la década de 1960, Mazda comenzó a experimentar con un motor Wankel en el que un pistón giraba dentro de un cilindro. Así, en 1967, se creó su primer modelo con la misma bicicleta: la 110S Cosmo. En 1978 debutó el modelo RX-7, que fue un gran éxito y llegó a la 3ª generación. El último es especialmente el favorito de los sintonizadores de Japón y EE. UU. ¡Su motor con una capacidad de solo 1.3 litros y con la ayuda de 2 turbocompresores generó hasta 280 HP en serie! Mazda vio uno de sus mayores éxitos cuando presentó el MX-5 al mundo en 1989, un pequeño roadster de dos plazas. Gracias a su bajo peso, buen equilibrio y potencia relativamente baja, proporcionaba una gran satisfacción al conducir.

McLaren Automotive (anteriormente McLaren Cars) es una división de la compañía británica McLaren Group, que se ocupa de la producción de autos deportivos basados en tecnología de Fórmula 1. Fue fundado en 1989 por Ron Dennis en Woking, pero el equipo de carreras de Fórmula 1 se formó en 1963. El primer automóvil McLaren civil fue el modelo F1, que se presentó en 1991. Estaba equipado con un motor V12 con una potencia de 627 HP, no tenía un sistema de dirección asistida, asistencia de frenado o control de tracción. Todo esto se hace para conseguir lo más ligero posible. Le tomó alrededor de 3 segundos alcanzar los 100 kmh (60 mph) y en 2005 ostentaba el título del automóvil más rápido producido en serie: aceleró a 386 kmh (239 mph). La marca compite con Ferrari, Porsche y Lamborghini.

MCLAREN

MERCEDES-BENZ

Mercedes-Benz es una marca alemana de automóviles producidos por la empresa Daimler AG. Los turismos, furgonetas, camiones y autobuses se producen bajo la insignia de estrella de tres puntas. Su inicio se remonta a 1883, cuando Karl Benz, Max Rose y Fredrich W. Esslinger fundaron Benz & Co. El nombre Mercedes proviene del nombre de Mercedes Jellinek, hija de Emil Jellink, representante de Daimler. Los caminos de las empresas Benz y Daimler convergieron a raíz de los cambios en la economía alemana y la empresa Daimler-Benz se constituyó oficialmente en 1926. Mercedes se distingue sobre todo por la calidad, la innovación y la seguridad, por lo que es considerada una de las marcas más prestigiosas del mundo.
La marca también ha logrado numerosos éxitos en muchas clases de carreras, incl. incluida la Fórmula 1.

Mitsubishi es una empresa japonesa fundada en 1870 por Yataro Iwasaki. en la industria de la aviación, la industria de la defensa y lo que más nos interesa: la automoción. El nombre significa "3 diamantes" en japonés y lo refleja en su logotipo. Los aficionados al automóvil aprecian especialmente la versión deportiva del Lancer, Evolution, que lleva años compitiendo con otra leyenda, el Subaru Impreza, en el Campeonato Mundial de Rally. El popular "EVO", sin embargo, apareció en el mercado solo en 1992, vio su décima generación y su final en 2015.

MITSUBISHI

NISSAN

Nissan es un fabricante japonés de turismos, camiones y autobuses perteneciente a Nissan Motor Co. Los orígenes de la marca se remontan a 1911, cuando Masujiro Hashimoto fundó la empresa Kwaishinsha en Tokio. No fue hasta 1934 que la empresa cambió su nombre a Nissan. Después de la guerra, la empresa se vio envuelta en una crisis, de la cual surgió la preocupación en cooperación con British Austin. Poco después, Nissan se convirtió en el segundo fabricante de automóviles más grande de Japón. En 1989, Nissan lanzó su marca de lujo para el mercado estadounidense: Infiniti. Desde 1999, los japoneses cooperan con la francesa Renault.
Los modelos de Nissan más populares son el Micra, el Qashqai, el Skyline (especialmente queridos por los sintonizadores y los vagabundos) y su sucesor, el GT-R.

Opel es una de las marcas automotrices alemanas más populares. La empresa fue fundada por Adam Opel en 1862 en Rüsselheim. Inicialmente, se dedicó a la producción de máquinas de coser, y más tarde también de bicicletas. Después de la muerte del fundador en 1895, la empresa pasó a manos de su esposa y cinco hijos. Después de 4 años, Friedrich Lutzman fabricó el primer Opel-Patent-MotorWagen sobre un chasis. El primer modelo Opel de su diseño se fabricó en 1902: el modelo 10 / 12PS. En 1989, Opel fue el primer fabricante en Europa en introducir un convertidor catalítico como equipamiento de serie. Los modelos más populares de la marca alemana fueron, entre otros, Kadett, Corsa, Vectra y Omega. En Gran Bretaña, los modelos Opel se venden con el nombre Vauxhall y en Australia, Holden.

OPEL

PEUGEUOT

Peugeot es una empresa francesa que fabrica automóviles, scooters y bicicletas, y en el pasado también camiones y motocicletas. Se estableció en Sochaux y fue fundada por Jean Pierre Peugeot. El primer automóvil, el Serpollet-Peugeot, con motor a vapor apareció en 1889, pero solo el vehículo con motor de combustión interna Daimler presentado en 1891 resultó ser el movimiento correcto. En 1929, el modelo 201 comenzó una serie de marcas de tres dígitos con un cero en el medio. El primer número indica la clase y el último número es la siguiente serie. En 1948, se lanzó el primer modelo Peugeot 203 de la posguerra, que se produjo hasta 1960. En 1959, se utilizó por primera vez un ventilador de radiador, preparando los automóviles para los atascos de tráfico que se avecinaban.

Porsche es un fabricante alemán de automóviles deportivos con sede en Stuttgart. El fundador de la empresa fue en 1931 Ferdinand Porsche, un ingeniero que previamente había adquirido experiencia con Daimler. El primer vehículo que lleva su nombre se creó en 1938, pero el primer automóvil producido en serie con el logotipo de Porsche se fabricó en 1948: el modelo 356. El modelo Porsche más popular, el 911, se fabricó en 1963. El automóvil resultó ser un éxito mundial, logrando el éxito no solo en ventas sino también en deportes. El 911 fue el primer automóvil en ganar el famoso Rally París–Dakar sin ser un automóvil todoterreno. Actualmente, es uno de los coches más reconocibles de la marca. Se intentó replicar el éxito del 911 con modelos como el 924/944, 928 y 968, pero ninguno tuvo éxito.

PORSCHE

Renault es una marca automotriz francesa que produce automóviles y camiones. La empresa fue fundada en 1899 por los hermanos Louis, Fernand y Marcel Renault. Pronto se crearon más modelos, ya con unidades diseñadas por los dueños de la empresa. El primer modelo de la posguerra fue el 4CV, y en 1961 fue reemplazado por el modelo 4 de producción más larga (hasta 28 años). El Renault 16, por otro lado, fue el precursor de los modelos familiares actuales. Fue el primer automóvil Renault en ganar el título de Auto del año en 1966. También fue el primer automóvil del mundo con carrocería hatchback. Los títulos de Auto del Año también fueron ganados por los modelos Clio (1991 y 2006) y Scenic (1996). Los cinturones de seguridad se han instalado de serie en todos los modelos desde 1970.

Rolls-Royce es un fabricante inglés de limusinas de lujo. La idea de una colaboración entre Charles Rolls y Henry Royce surgió en 1904 durante un almuerzo. Desde el principio, la marca también estuvo involucrada en la producción de motores para aviones, lo que contribuyó a la división de la marca en dos ramas en 1973. En 1906, se diseñó el modelo Silver Ghost. Estaba equipado con un motor de válvulas inferiores de seis cilindros y 7 litros con una potencia de menos de 50 CV. Un rasgo característico de la marca inglesa es una estatuilla en el capó: Spirit of Ecstasy, que es sinónimo de riqueza y la más alta calidad. En los últimos modelos, por razones de seguridad, está oculto por un botón especial debajo de la solapa. Hoy, Rolls-Royce es considerada una de las marcas más exclusivas y lujosas del mundo.

ROLLS-ROYCE

SEAT

SEAT es una marca española de turismos. Fue fundada en 1950 por el Instituto Nacional de Industria, una organización bancaria, y la empresa Fiat. Fueron los coches italianos los que sirvieron de modelo para los primeros modelos de Seat. El primer modelo fue el 1400, y su producción comenzó en 1953 en Barcelona. En 1980, Fiat vendió sus acciones al Instituto Nacional de Industria, convirtiendo a Seat en el primer fabricante de automóviles independiente de España. En ese momento, la gama de modelos se modernizó mucho y aparecieron modelos como Ibiza, Marbella y Málaga. En 1986, Volkswagen compró el 51% de las acciones de Seat. En la década de 1990 subieron al 99%, cuando aparecieron los primeros modelos, en los que se escondía tecnología alemana bajo la carrocería diseñada por Giugiaro.

Skoda es una empresa checa que produce turismos. Los orígenes de la marca se remontan a 1895, cuando el mecánico Vaclav Laurin y el contador Vaclav Klement fundaron la empresa Laurin & Klement que producía bicicletas y, a partir de 1898, también motocicletas. Construyeron su primer prototipo de automóvil en 1901 y la producción en serie duró 27 años. En 1964, Škoda lanzó un automóvil familiar: el modelo 1000 MB. Su motor estaba ubicado en la parte trasera: aquí se utilizó la experiencia de autos como Fiat 600 o Porsche 356. La cooperación con Volkswagen comenzó en 1991, cuando Škoda se unió al grupo de la marca alemana. El primer modelo de la marca checa en utilizar tecnología alemana fue Felicia en 1994.

SKODA

Subaru es una marca japonesa de turismos y furgonetas de reparto. La historia de la empresa comienza en 1953 cuando después de la guerra se unieron 6 empresas en una llamada Fuji Heavy Industries, simbolizada por 6 estrellas en el logo de la empresa. En 1954, el primer prototipo se denominó P-1, y un año después el modelo se denominó 1500. En 1992 se presentó el famoso Impreza. Colin McRae, al volante, ha ganado en repetidas ocasiones el título mundial de rallies, y así el Subaru Impreza se ha convertido en un elemento inseparable de los rallies. Gracias a ellos, la modelo ganó popularidad en todo el mundo.

SUBARU

Suzuki es una marca japonesa de turismos, camiones, motocicletas y motores. La empresa se fundó en 1909 cuando Michio Suzuki fundó una fábrica de equipos de tejido en la ciudad costera de Hamamatsu. Después de casi 30 años, Michio se dio cuenta de que su empresa también tenía que desarrollarse en otras áreas, por lo que en 1937 comenzó a diseñar el automóvil y después de 2 años tenía algunos prototipos. 1970 es un año importante para la marca. Luego, tuvo su estreno la primera generación del modelo todoterreno Jimmy, que fue un éxito mundial. En 1983, comienza la venta del automóvil de pasajeros Swift de un litro, que tuvo mucho éxito en el mercado. El SX4 y Vitara también son modelos populares.

SUZUKI

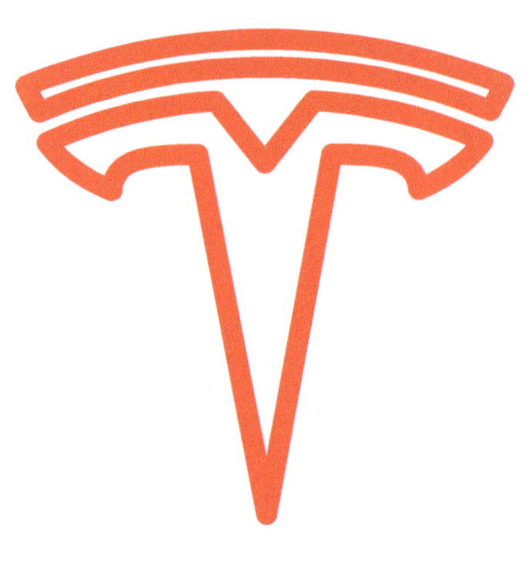

TESLA

Tesla es una marca estadounidense de autos eléctricos deportivos y de lujo. El nombre de la empresa proviene del nombre de Nikola Tesla, un ingeniero serbio e inventor de muchos aparatos eléctricos. La empresa fue fundada en 2003 por Elon Musk. El trabajo en el primer modelo, el Roadster, duró 5 años. En 2008 se puso en producción. Su rendimiento rivalizó con muchos vehículos deportivos de gasolina. Un año más tarde, se presentó un vehículo con carrocería elevable. Con una sola carga, podía cubrir una distancia de 300 millas y al mismo tiempo tener un rendimiento deportivo.
Su producción comenzó en 2012 y el vehículo se llamó Model S.
La empresa está ganando cada vez más popularidad debido a la electrificación de la industria automotriz.

Toyota es una marca automotriz japonesa, fundada por Sakichi Toyoda en 1918, y su empresa operaba inicialmente en la industria de la confección. La producción del primer modelo, AA, comenzó en 1936. En 1966, se creó la primera generación de uno de los modelos más populares de la marca, el Corolla. En 2013 se presentó la 11ª generación de este modelo. En 1992, se creó la cuarta generación del módulo deportivo Supra, que gustó especialmente a los sintonizadores. En 2014, Toyota lanzó el Mirai, el primer automóvil de pila de combustible de hidrógeno de producción en Japón. En 2015, también apareció en algunos países europeos. Toyota es una de las mayores preocupaciones automotrices del mundo. Además, también es propietaria de las marcas Lexus y Daihatsu.

TOYOTA

VOLKSWAGEN

Volkswagen es una marca alemana de turismos y furgonetas que pertenece a la empresa Volkswagenwerk Aktien-Gesellschaft (VAG). Su historia comienza en 1931 cuando la empresa Zündapp le pidió a Ferdinand Porsche que creara un auto barato. En 1934, por orden de Adolf Hitler, Ferdinand presentó el primer diseño del legendario Escarabajo. Se suponía que iba a ser un coche familiar barato, y Hitler lo bautizó como "el coche del pueblo". Para 2003, cuando se suspendió oficialmente su producción, se habían realizado un total de más de 21,5 millones de copias. En 1973, se presentó otro modelo muy popular: el Passat. Inmediatamente después de él, el Golf hizo su debut. Se suponía que iba a repetir el éxito del Beetle, y lo hizo. La preocupación de Volkswagen incluye marcas como Audi, Skoda, Seat, Porsche, Lamborghini, Bugatti y Bentley.

Volvo es una marca sueca de turismos, camiones, maquinaria de construcción y motores. Los fundadores querían que sus vehículos fueran de alta calidad y técnicamente avanzados. En 1966 se creó el modelo 144, que fue considerado el automóvil tecnológicamente más avanzado del mundo. El automóvil tenía zonas de deformación controlada, frenos de disco en todas las ruedas y también aparecieron cinturones de seguridad en el asiento trasero. En 1999, Ford se hizo cargo de la mitad de los derechos de Volvo y, después de 11 años, el nuevo propietario de Volvo Car Corporation era Chinese Geely. Los modelos producidos actualmente tienen una letra delante del número que indica el tipo de carrocería del vehículo: C - descapotable o cupé; S - sedán; V - camioneta; XC - modelo todoterreno.

Revisa también:

y mucho mas!